essentials

Essentials liefern aktuelles Wissen in konzentrierter Form. Die Essenz dessen, worauf es als „State-of-the-Art" in der gegenwärtigen Fachdiskussion oder in der Praxis ankommt. Essentials informieren schnell, unkompliziert und verständlich

- als Einführung in ein aktuelles Thema aus Ihrem Fachgebiet
- als Einstieg in ein für Sie noch unbekanntes Themenfeld
- als Einblick, um zum Thema mitreden zu können.

Die Bücher in elektronischer und gedruckter Form bringen das Expertenwissen von Springer-Fachautoren kompakt zur Darstellung. Sie sind besonders für die Nutzung als eBook auf Tablet-PCs, eBook-Readern und Smartphones geeignet.

Essentials: Wissensbausteine aus Wirtschaft und Gesellschaft, Medizin, Psychologie und Gesundheitsberufen, Technik und Naturwissenschaften. Von renommierten Autoren der Verlagsmarken Springer Gabler, Springer VS, Springer Medizin, Springer Spektrum, Springer Vieweg und Springer Psychologie.

Ralf T. Vogel

Schicksal und Psychotherapie

Therapieschulübergreifende Anregungen

Prof. Dr. phil. Ralf T. Vogel
Ingolstadt
Deutschland

Dieser Beitrag ist die erweiterte Ausgabe eines Artikels in „Psychotherapeut", ISSN Print 0935-6185, Volume 59, Issue 2, March 2014.

ISSN 2197-6708   ISSN 2197-6716 (electronic)
ISBN 978-3-662-44761-1   ISBN 978-3-662-44762-8 (eBook)
DOI 10.1007/978-3-662-44762-8
Springer Heidelberg Dordrecht London New York

Die Deutsche Nationalbibliothek verzeichnet diese Publikation in der Deutschen Nationalbibliografie; detaillierte bibliografische Daten sind im Internet über http://dnb.d-nb.de abrufbar.

Gedruckt auf säurefreiem Papier

Springer ist Teil der Fachverlagsgruppe Springer Science+Business Media (www.springer.com)

Ihr wandelt droben im Licht
Auf weichem Boden, selige Genien!
Glänzende Götterlüfte
Rühren euch leicht,
Wie die Finger der Künstlerin
Heilige Saiten.

Schicksallos, wie der schlafende
Säugling, atmen die Himmlischen;
Keusch bewahrt
In bescheidener Knospe,
Blühet ewig
Ihnen der Geist,
Und die seligen Augen
Blicken in stiller
Ewiger Klarheit.

Doch uns ist gegeben,
Auf keiner Stätte zu ruhn,
Es schwinden, es fallen
Die leidenden Menschen
Blindlings von einer
Stunde zur andern,
Wie Wasser von Klippe
Zu Klippe geworfen,
Jahr lang ins Ungewisse hinab.

Hölderlin 1799
Hypeirons Schicksalslied

Was Sie in diesem Essential finden können

Vorwort

Die vorliegende Schrift ist einerseits eine Erweiterung des 2014 in der Zeitschrift *Psychotherapeut* erschienenen Artikels ‚Schicksalsklüfte', andererseits werden nun auch andere Schwerpunkte gesetzt. Ging es in jenem Artikel um einen psychotherapeutischen Nachvollzug des existenziellen Pfades der beiden ‚Halblinge' Frodo Beutlin und seinem (therapeutischen) Gefährten Samweis Gamdschie zu den Schicksalsbergen in J. R. Tolkiens Epos ‚Herr der Ringe' (2013), mit lediglich abschließenden Hinweisen zur Konsequenz des Schicksalsgedankens für die therapeutische Beziehung, so soll es nun, angereichert durch einen Überblick über die akademisch-psychologische Befassung mit dem Schicksalsbegriff und einem Hinweis auf das psychotherapeutisch sehr bedeutsame Gut-Böse-Problem, verstärkt um eben diese hochrelevante Facette der – auch schicksalsbestimmten – Beziehung zwischen Therapeut und Patient gehen. Deutlich wird in der Auseinandersetzung mit einem Begriff wie ‚Schicksal' v. a. aber auch die notwendige Herleitung psychologischen Wissens und Handelns aus den philosophischen Disziplinen, die Definition von Psychotherapie also als eine angewandte und in einer bestimmten Beziehungsform umgesetzte Form der Philosophie.

Inhaltsverzeichnis

Der Schicksalsbegriff 1

O trotz Schicksal: die herrlichen Überflüsse
unseres Daseins, in Parken übergeschäumt, –
oder als steinerne Männer neben die Schlüsse
hoher Portale, unter Balkone gebäumt!

O die eherne Glocke, die ihre Keule
täglich wider den stumpfen Alltag hebt.
Oder die eine, in Karnak, die Säule, die Säule,
die fast ewige Tempel überlebt.

Heute stürzen die Überschüsse, dieselben,
nur noch als Eile vorbei, aus dem waagrechten gelben
Tag in die blendend mit Licht übertriebene Nacht.

Aber das Rasen zergeht und läßt keine Spuren.
Kurven des Flugs durch die Luft und die, die sie fuhren,
keine vielleicht ist umsonst. Doch nur wie gedacht.

Rainer Maria Rilke aus: Die Sonette an Orpheus – Zweiter Teil

Der Schicksalsbegriff durchzieht die abendländische Denktradition von ihren mythischen Anfängen über die griechische und römische Philosophie hin zu Schopenhauer, Nietzsche und Camus bis in die heutigen, aktuellen Philosophiedebatten. Das philosophische Wörterbuch definiert das Schicksal als „das Insgesamt alles Seienden, was das Dasein eines Menschen, eines Volkes usw. beeinflusst, aber nicht vom Menschen selbst geändert werden kann" (Schmidt 1979, S. 591). In allen bedeutenden europäischen Mythologien finden wir eine mächtige Dreiheit mysteriöser, den Schicksalsfaden spinnende Frauen, die, unbeirrbar und ohne wirklichen Kontakt zur Welt, den Fortgang aller Dinge zu bestimmen schienen. Die Römer nannten sie die *Parsen*, viel früher, im Griechischen sprach man von den *Moiren* und nannte sie *Klotho, Lachesis* und *Atropos*. Viele Märchen und Mythen können so als Verbildlichung von Menschheitsthemen gelten, in unserem Fall als Anregung zur Auseinandersetzung mit dem, was wir Schicksal nennen. Eventuell gelingt es durch eine eingehende Beschäftigung sogar, uns „im Durcharbeiten ihrer Dynamik aus dem Zwang des Schicksalhaften herauszuführen" (Drewermann 2013, S. 13). Die germanische Mythologie kennt die Nornen *Urd*, die das Vergangene, das Gewordene symbolisiert, *Verdandi,* die für das Gegenwärtige und Werdende steht, und *Skuld*, die Werdensollende, die auf die Zukunft verweist. Meist findet sich eine skeptisch-negative Sicht der Mythologie auf diese ‚Schicksalsgöttinnen‘, die manchmal (z. B. in der Mythologie der Etrusker) sogar als den höchsten Gottheiten überlegen, ja diese ebenfalls lenkend, dargestellt werden. Wenig Einflussmöglichkeiten auf sie gibt es, etwa durch Opfer, Gebete oder Wohlverhalten, vielmehr scheinen sie sich um die von ihnen bestimmten Kreaturen wenig zu kümmern, scheinen seltsam gleichgültig und weltabgewandt in ihre eigene Tätigkeit, dem Spinnen der Schicksalsfäden, versunken. Ihre schwere Fassbarkeit inspirierte Künstler aller Zeiten zu Bildern, Skulpturen und Gedichten – in dem den Künsten eigenen Versuch, schwer oder überhaupt nicht Versprachlichbares doch zum Ausdruck bringen zu wollen.

Auch heute noch ist, wie wir noch sehen werden, der Schicksalsbegriff schwer eindeutig zu fassen und meist negativ getönt, assoziiert mit Krieg, Hungersnot, Naturkatastrophen und Tod.

Die *Nornen* sind in Gestalt gegossene Vorstellungen des oft schwer aushaltbaren Gefühls, nicht wirklich Herr über das eigene Leben zu sein, sich abhängig zu fühlen von höheren Gewalten wie der Natur, der Kultur oder dem Zeitgeschehen, aber auch abzuhängen vom persönlichen Erbe, von früher gemachten Erfahrungen oder erlebten Schicksals(!)schlägen. Was aber ist nun gemeint mit diesem bedrohlichen ‚Schicksal‘, dem wir uns hingeben, mit dem wir hadern, das wir annehmen oder an dem wir verzweifeln, das wir vielleicht aber auch wenden können und mit dem, immer neuen Umfragen zufolge, viele Bundesbürger auch heute noch rechnen (z. B. Schreider 2007)? Krankheit und Tod, aber auch Liebe, ‚Berufung‘ und Glück werden oft als schicksalhaft erfahren. Es ist zunächst das uns ungefragt Geschickte, das Faktische (abgeleitet aus dem altniederländischen *schicksel*, Fakt). Das griechische *moira* und das lateinische *fatum* gehören zu ihm als das Los des Menschen, seine Bestimmung, das ihm Aufgesetzte und seine Prädestination.

Zwei grundlegende Schicksalskonzepte werden hier bereits deutlich: Zum einen, und das ist der unspektakuläre Gebrauch des Terminus, ist das Schicksal die *peregrinatio*, der Pilger- oder Lebensweg des Menschen, der Lebenslauf, der aus äußeren Bedingungen und inneren Motivationen erwächst. In der Terminologie der Analytischen Psychologie C.G. Jungs ist damit der Individuationsweg gemeint, der jeden Menschen über das Bestehen von Entwicklungsaufgaben zu seinem eigentlichen Selbst (vgl. das bekannte „Werde der du bist") reifen und werden lässt.

Zum anderen aber wird das Schicksal zum Synonym für eine höhere Gewalt, die oft bei genauerem Hinsehen (religiös) personifizierbar ist, etwa in *Ananke*, der griechischen Schicksalsgöttin, oder im unergründlichen Ratschluss eines alttestamentarischen Vatergottes. Die römische Stoa wie die christlichen Theologien gehen etwa von einer für den Menschen kaum begreifbaren, von anderen Mächten gelenkten Vorsehung aus. Das Schicksal ist das Los eines Menschen, es ist das Unausweichliche und damit – wie, warum und von wem auch immer – weitgehend vorbestimmt. So meint C.G. Jung bereits 1916: „Wir wissen aber, dass es keine menschliche Voraussicht oder Lebensweisheit gibt, welche uns in den Stand setzen könnte, unserem Leben eine vorgeschriebene Richtung zu geben, außer auf kleinen Wegstrecken … Das Schicksal steht vor ihnen [den Menschen, Anm. d. Verf.] verworren und überreich an Möglichkeiten, und doch ist nur eine von diesen Möglichkeiten ihr eigener und richtiger Weg" (Jung 1916, GW Bd. 7, § 72). Dies gelte für alle Menschen außer für die recht seltenen Heroen. Jung beschreibt im Folgenden den verzweifelten Versuch des Menschen, dem Schicksal, der „Fülle des Lebens", das „gesetzmäßig und nicht gesetzmäßig, rational und irrational" (ebd., § 73) sei, eine vernünftige, kausale Erklärung abringen zu können. Der Schicksalsbegriff kommt somit einerseits – in dem er als ursächliche Erklärung für eigentlich Unerklärbares genutzt wird – dem menschlichen Kausalitätsbedürfnis entgegen und stellt dies in einer paradoxen Umkehrung (Schicksal kann ‚grundlos', ja sinnlos sein) dann auch gleich wieder in Frage.

Der Begriff des Schicksals taucht in praktisch-psychotherapeutischen Zusammenhängen immer wieder auf, oft ohne dass sich die Gesprächspartner ausreichend über dessen jeweils mitgedachtes Bedeutungsfeld bewusst sind. Wie etwa die Begriffe ‚Seele', ‚Selbst', ‚Gott' etc. so gehört auch der Schicksalsbegriff zu den sprachphilosophisch als ‚opak' bezeichneten Termini. Als opaker Sprachzusammenhang (von lat. *opacus* = beschattet, lichtundurchlässig) wird ein sprachlicher Kontext bezeichnet, in dem sich durch Ersetzen von Teil-Ausdrücken mit gleichem Bedeutungsumfang der Wahrheitswert der ausgedrückten Aussage eventuell ändert, der also nicht einfach durch andere Begriffe operationalisiert werden kann, ohne an Bedeutungsgehalt zu verlieren oder diesen zu verändern.

Die deutsche Sprache ist im Ausdruck solcher, emotional oft tiefgreifenden Verhältnisse erstaunlich unbeholfen. Den Blick zu weiten, etwa auf die englische Schicksals-Sprachfamilie *doom, fortune, fate* und *destiny*, aber v. a. über den europäischen Sprachkontext hinaus in den asiatischen Sprachraum, macht die enorme Weite des Schicksalsbegriffes deutlich. Als Beispiel dient hier die große Anzahl chinesischer Schicksalsbegriffe mit unterschiedlichen Nuancen und Nebenbedeutungen, von denen hier nur die wichtigsten aufgelistet werden können:

Geschick, Schicksal	命运	mìngyùn
Vermögen, Glück	运	yùn
Leben, Los	命	mìng
Vorhersehung, vom Himmel Gewolltes	天意	tiānyì
Schicksalsverbindung, Glück	缘分	yuánfèn
Los	气数	qìshu
Fügung, Vorbestimmung	宿命	sùmìng
Glückssträhne	福分	fúfēn
Astronomische Berechnung	历数	lìshù
Geschick	缘份	yuánfèn
Glückliches Schicksal; Glück, Segen	福气	fúqi
Lebensschicksal, schweres Leben	身世	shēnshì

Quelle: handedict – http://chdw.de

Nehmen wir einfach die vor dem chinesischen Zeichen stehenden Begriffe, dann erahnen wir das ausgedehnte Bedeutungsfeld unseres Schicksalsbegriffes. In diesem liegen Ausdrücke wie Vorsehung, Ratschluss Gottes, Gnade, Karma, aber auch Zufall als, wie Friedrich Hebbel meint, „ein Rätsel, welches das Schicksal dem Menschen aufgibt", dicht beieinander Die Attribute des Schicksals sind Unausweichlichkeit, Unverstehbarkeit (zumindest unmittelbar, später werden Rationalisierungen versucht), Unveränderbarkeit, aber auch Undurchschaubarkeit (Schockenhoff 2013, S. 49). Poetischer meint C.G. Jung, beim Schicksal handele es sich um „…Augenblicke, bei denen sich die Götter einmischen…" (Jung 1916, GW Bd. 7, § 164).

Finale (wo will das alles hin?) oder kausale (wo kommt das alles her?) Fragen werden bereits mit dem jeweils subjektiven Schicksalsbegriff beantwortet, so dass im therapeutischen Kontext auf jeden Fall eine sorgfältige Exploration des jeweils individuellen Schicksalsverständnisses lohnt, ist es doch nicht selten auch Teil der therapiepraktisch so hochbedeutsamen ‚subjektiven Krankheitstheorie'.

Im Bereich der Analytischen Psychologie C.G. Jungs finden wir zusätzlich den in unserem Zusammenhang gut anwendbaren und auch in der modernen Physik bekannten Begriff der ‚Synchronizität' als Bezeichnung für akausale Zusammenhänge, deren Verbindung durch eine Sinndimension auszumachen ist. In einem Interview über die psychologischen Darstellung des chinesischen I Ging-Orakels benutzt die Jung-Schülerin Marie Luise v. Franz die Wendung: „Das, was beliebt zusammenzutreffen" und liefert damit eine von religiös-weltanschaulichen Vorannahmen weitgehend befreite Schicksalsdefinition.

Trotz all dieser Bestimmungsversuche bleibt uns das Schicksal aber begrifflich schwer zu fassen, es bleibt ‚numinos' und umfasst gleichzeitig das ‚Numen', um einen Begriff zu gebrauchen, den C.G. Jung von dem Religionspsychologen Rudolf Otto (1869–1937) entlieh. Meinte das Numen in römischer Zeit in erster Linie den undurchschaubaren, vielleicht in Orakeln oder anhand von Naturereignissen ablesbaren Wink und das Tun der Gottheit, so definierte Otto das Numinose unpersönlicher. Es ist notwendigerweise geheimnisvoll. Es äußert sich in einem *tremendum* (Zittern, Furcht) und einem *fascinosum* (Betörenden, Ergreifenden), wird erahnt oder intuiert, aber nie vollständig erkannt. Dieser numinose, oben auch als opak bezeichnete Charakter des Schicksals macht schließlich auch seine große Herausforderung für die praktische Psychotherapie aus.

Das Schicksal in der akademischen Psychotherapie 2

In der praktischen Psychotherapie begegnen wir dem Schicksalskonzept meist implizit. Unsere Patienten fühlen sich vom Schicksal gebeutelt oder benachteiligt, haben ein schweres Schicksal zu tragen oder hoffen, dass ihnen das Schicksal gnädig gestimmt sei. Der Schicksalsbegriff befasst sich mit der *conditio humana*, mit den menschlichen Grundgegebenheiten. Er mutet altmodisch an. „Das Schicksal gehört allmählich der Vergangenheit an, Schicksal wird es bald nicht mehr geben. Vorläufig entfernen wir es aus unsrem Alltag und verschieben es in Kranken- und Sterbehäuser", meint denn auch der polnische Schriftsteller Andrzeij Stasiuk. Spätestens seitdem die positivistische Wissenschaftslogik das Zepter übernommen hat, finden wir auch in der Psychotherapie eine regelrechte Verbannung des Schicksalsthemas aus dem fachlichen Diskurs, auch wenn es uns in der Praxis ständig entgegenkommt. Auch in den großen aktuellen und umfangreichen Lehrbüchern der Klinischen Psychologie und Psychotherapie (z. B. Wittchen und Hoyer 2006; Benecke 2014) werden wir unter dem Stichwort ‚Schicksal' nicht fündig. Bezüglich Schopenhauers Anregung, das Schicksal mische die Karten und wir Menschen müssten damit spielen, schlägt sich die moderne Psychotherapie eindeutig auf die ‚machende' Seite (1976, S. 198). Der deutsche Philosoph Odo Marquard beschreibt an verschiedenen Stellen (z. B. 1981) eindrücklich den Zwang, etwas zu ‚machen', spricht demgegenüber vom „Unvermeidlichen und Unverfügbaren" und liefert wertvolle Hinweise auch für die Psychotherapielandschaft. Eine Machbarkeitseuphorie und -ideologie griff in der positivistischen Psychotherapieforschung wie auch in der Psychopharmakologie gleichermaßen um sich, als sei es nur eine Frage der Zeit, der Gelder und des Forschungsaufwandes, und wir müssten uns keinem Nicht-Machbaren, Schicksalhaften mehr stellen. Ein Zugeständnis, auch und

© Springer-Verlag Berlin Heidelberg 2014
R. T. Vogel, *Schicksal und Psychotherapie,* essentials,
DOI 10.1007/978-3-662-44762-8_2

manchmal sogar vor allem von Dingen, Mächten und Kräften abhängig zu sein, die sich dem Einfluss unserer Patienten und erst recht dem Veränderungsimpetus der Therapie entziehen, findet sich selten oder nur verschämt am Rande. „Da konnte ich nichts mehr machen", dieser Satz wird als Kapitulation, als depressive Engagementsverweigerung oder als Motivationsmangel missverstanden und damit auch nahezu katastrophisiert. Dabei haben wir es im Therapeutischen doch mit dem ganzen Menschen zu tun, und zu definieren ist dieser Mensch, folgt man den großen Denkern aller Zeitalter, eben auch als dasjenige Wesen, das sich bewusst den unbeeinflussbaren Gegebenheiten zu stellen und einen Umgang mit ihnen zu finden hat. Das menschliche Leben und die psychotherapeutische Situation ereignen sich eben auch im „Unverfügbaren", sie haben es beide mit Grenzen zu tun, die, zunächst oder gar endgültig, gegeben und unverrückbar sind. Unsere Idee von uns selbst und unsere Vorstellung von Psychotherapie entwickeln sich (auch) über die Auseinandersetzung mit dem, was wir nicht vermögen, was nicht unserem Einfluss unterworfen ist.

Die Annahme, es gebe ein unveränderliches Schicksal, wird in psychotherapeutischen Kreisen zudem leicht mit einem ‚Depressionsverdacht' mit Fatalismus oder Dysfunktionalität in Verbindung gebracht. Auch eine überzogene Lösungs- und Ressourcenorientierung verstellt psychologischen Modellen nicht selten den Blick auf das Unlösbare, als das das Schicksal definiert wurde. Oft ist mit der Nutzung des Schicksalsbegriffes auch eine Einschränkung der erlebten Selbstwirksamkeit gemeint, etwas wird als unveränderlich erlebt. So wird der Rekurs auf das Schicksal nicht selten zu einer Begründung, ja Rechtfertigung von Passivität und Ohnmachtserleben. Positiv gewendet bedeutet die ‚Nutzung' des Begriffes aber auch eine gewisse therapeutische Bescheidenheit und Demut, eben eine Anerkennung, dass es etwas gibt, das sich der menschlichen Einflussnahme entzieht.

Psychopathologie und Schicksal 3

Man kann mit Recht behaupten, dass in allem psychischen Leiden, modern ausgedrückt in allen Varianten der ICD10 F-Diagnosen, auch, vielleicht oft sogar vorran-
gig, ein Leiden am Schicksalhaften zu finden ist – ein Leiden etwa, nicht das Leben
führen zu können, für das man sich entscheiden würde, sondern innerhalb vorgege-
bener und schwer bis gar nicht veränderbarer innerer wie äußerer Bedingungen zu
existieren. Dies sind Krankheit, Tod, Unsicherheit, Unausweichlichkeit, all diese
von dem deutschen Existenzphilosophen und Psychiater Karl Jaspers (1996) als
„Grenzsituationen" bezeichneten schicksalhaften Gegebenheiten, deren Unbeeinflussbarkeit kaum ertragen werden kann und die sich dann etwa in Angststörungen
aller Art Ausdruck verschaffen. Gleichzeitig ist ein verstärktes Leiden an der schier
überwältigenden Freiheit in postmodernen Gesellschaften zu verzeichnen. Hier
scheint zu wenig vorgegeben, die Verleugnung des Schicksalhaften und das Postu-
lat, das Schicksal ‚in die eigenen Hände zu nehmen' und aktiv umgestalten zu müssen, führt in permanente Bedrohungsszenarien und Überforderungsgefühle – nicht
zuletzt bei uns Psychotherapeuten (die im Text durchweg gebrauchte männliche
Form ist lediglich der vereinfachten Schreibweise geschuldet). Die dritte Variante
des Zusammenhangs zwischen Schicksal und Psychopathologie finden wir gleichermaßen in der Existenzphilosophie wie auch in der Analytischen Psychologie.
Es ist die Feststellung, dass der Mensch dann beginnt, psychisch zu leiden, wenn er
‚sein' Schicksal nicht auf sich nehmen kann, wenn er also den Lebensweg, der sein
ureigenster ist, nicht authentisch leben kann (oder will). Schicksal wäre hier nah
am griechischen Schicksalsbegriff *ananke*, der v. a. ‚Notwendigkeit' meint (Horn
und Rapp 2002), in unserem Fall die Notwendigkeit, aus dem Vorgegebenen sein
Ureigenstes zu gestalten.

© Springer-Verlag Berlin Heidelberg 2014 9
R. T. Vogel, *Schicksal und Psychotherapie*, essentials,
DOI 10.1007/978-3-662-44762-8_3

Akademische ‚Schicksalsforschung'   **4**

Die akademische Psychotherapieforschung tut sich allerdings wegen dessen oben dargestellter Numinosität schwer mit der empirischen – und das meint heute meist messenden und rechnenden – Erforschung von Schicksalszusammenhängen. Tatsächlich wird der Terminus „Schicksalsforschung" vorwiegend in der Nähe der Parapsychologie und der Astrologie gebraucht. Universitäre Schicksalsforschung existiert nicht als eigenständige Disziplin, sondern muss zunächst in unterschiedlichen Fakultäten zusammengesucht werden. Wir finden zu unserem Thema Interessantes in folgenden akademischen Forschungsbereichen:

- Sinnforschung
- ‚Kritische Lebensereignisse'
- Kognitive Theorie: Schemata oder Oberpläne als „schicksalsbestimmende Grundeinstellungen"
- Attributionsforschung
- Resilienzforschung
- Selbstwirksamkeitsforschung (z. B. Converse et al. 2012: Investing in Karma)
- Life-Event-Forschung – Erforschung kritischer Lebensereignisse
- Psychoonkologie
- Thanatologie
- Trauerforschung (z. B. Specht et al. 2011: The Benefits of Beliefing in Chance or Fate)

Einige ausgewählte Beispiele seien angefügt: An prominenter Stelle zu nennen ist die Attributionsforschung, meist ein Teilbereich der sog. ‚Allgemeinen Psychologie'. Attributions-(Zuschreibungs-)theorien beschäftigen sich damit' wo die

© Springer-Verlag Berlin Heidelberg 2014
R. T. Vogel, *Schicksal und Psychotherapie,* essentials,
DOI 10.1007/978-3-662-44762-8_4

Menschen die Möglichkeit der Kontrolle einer gegebenen Situation verorten. Der sog. ‚locus of control‘ kann etwa innerhalb oder außerhalb des Individuums liegen, er kann als stabil oder als flüchtig angesehen werden etc. Psychischen Symptomen wie z. B. depressivem Erleben werden bestimmte Attributionsstile zugeordnet. Vor allem aber im Bereich der Krankheitsbewältigung gibt es gewichtige Hinweise auf die Bedeutung von Kontrollüberzeugungen (z. B. Frick et al. 2007). Kontrollieren zu wollen und Schicksalhaftes annehmen zu können oder zu müssen, sind nicht selten Teil der Konfliktkonstellation unserer Patienten. Zu den wichtigen empirischen Ergebnissen der Untersuchungen zum Umgang mit mangelnder Kontrolle gehört z. B. die Studie der Virginia-Forschungsgruppe um Converse (2012), in der bei denjenigen Probanden, denen ihre Versuchsanordnung eine Unbeeinflussbarkeit des Kommenden suggerierte, ein erhöhtes caritatives Engagement nachgewiesen werden konnte. Ein Hinweis darauf, dass die Unbeeinflussbarkeit nicht untätig ertragen werden kann, sondern das Schicksal durch gute Taten günstig gestimmt werden soll. Zum Zusammenhang zwischen Schicksalsglauben und Lebensbewältigung bei Trauer fanden etwa Specht et al. (2011) entgegen bisheriger Forschungsergebnisse den interessanten Tatbestand, dass diejenigen Angehörigen verstorbener Partner eine höhere Lebensqualität erreichten, die Unbeeinflussbares und damit Schicksalhaftes anerkannten und nicht alles Geschehene der eigenen Verantwortung zuschrieben.

In der kognitiven Verhaltenstherapie werden basale und kaum veränderbare Grundeinstellungen, Oberpläne oder übergeordnete Schemata wohl am ehesten mit einem Schicksalsbegriff (‚Schicksalsgläubigkeit‘ als oft dysfunktionales Schema bzw. Oberpläne als subjektives Schicksal) assoziiert, der dann aber mit den oben dargestellten, kulturgeschichtlich abgeleiteten Definitionen nurmehr wenig zu tun hat. Auch das Resilienzkonzept und dessen Erforschung gehören, beginnend mit seiner Pionierin Emmy Werner (1977), in den Umkreis empirischer Schicksalsforschung, ist doch Resilienz auch zu definieren als eine gewisse Invulnerabilität gegenüber negativen Schicksalsschlägen. Wenn auch zunächst wohl nicht so gedacht, entwickeln sich neuerdings auch einige Zweige der achtsamkeitsbasierten Therapien und v. a. der empirisch gut belegten Acceptance and Commitment Therapy (ACT) (Hayes et al. 2008) zu einer Methode des therapeutischen Umgehens mit unveränderbaren Schicksalsschlägen. Trotz dieser und vielleicht einiger anderer erfreulicher Ausnahmen ist allerdings das Schicksalskonzept in der akademischen Psychologie und den aus ihr abgeleiteten Therapien nur spärlich vertreten. Ein Grund dafür ist auch deren starke und meist unhinterfragte Veränderungsorientierung, die per definitionem Unveränderliches und primär Unbeeinflussbares wie das Schicksal (s. o.), „dessen letzte Wurzel“ wie Jung 1936 an Claire Kauffmann schreibt, „wir nie ausgraben werden“ (Jung 1990, S. 274), gerne aus dem therapeutischen Erfahrungsbereich ausklammern würde. Die weitgehende Einbettung der akademischen Psychotherapiewissenschaft in die gesellschaftlichen (Macht-)Verhältnisse tut ein Zusätzliches: Der Schicksalsbegriff ist nämlich durchaus unmodern, klingt für viele angestaubt und antiquiert. Unsere postmoderne Gesellschaft favorisiert die Idee des Machbaren und Bewältigbaren.

Das Schicksal im psychoanalytischen Kontext 5

Anders als in den aus der akademischen Psychologie abgeleiteten Therapieformen befasst sich die Psychoanalyse seit ihren Gründern durchgängig mit dem Schicksalskonzept, wenn dieses auch oftmals durchaus von den obigen Definitionsversuchen abweichend dargestellt ist. Im psychoanalytischen Denken ist der Bedeutungshof des Schicksalsbegriffes häufig mit dem Unbewussten verknüpft. Vor allem. die unbewusste Handlungsmotivation, die unter den Termini ‚agieren‘, ‚acting in/acting out‘ und v. a. ‚enactment‘ in der psychoanalytischen Literatur vorkommt, ist damit gemeint. Letzterer Begriff ist dann auch nicht nur im therapeutischen, sondern auch im gesellschaftlichen Zusammenhang relevant geworden als schicksalhafte, unbewusste Handlungsmotivation über die Generationen hinweg (vgl. Kogan 2000).

Freud selbst nutzte den Begriff ‚Schicksal‘ in verschiedenen Zusammenhängen und Wortverknüpfungen. So sprach er z. B. gerne von den ‚Triebschicksalen‘ (z. B. Freud 1915, GW Studienausgabe, Bd. 3) und oft zitiert ist sein Statement: „Die Anatomie ist das Schicksal, um ein Wort Napoleons zu variieren“ (Freud 1924, GW Studienausgabe, Bd. 5, S. 249). Mit ‚Anatomie‘ meinte Freud den anatomischen Geschlechtsunterschied und dessen Wahrnehmung durch das Kind, was auf das bis heute in der Psychoanalyse geltende Primat der (frühen) Kindheit für das weitere Leben und Werden des Menschen verweist. Der sich daraus ergebende Charakter, die Persönlichkeit, ist dann das gegebene Schicksal des Einzelnen. Die Beobachtungen der psychoanalytischen Säuglings- und Kleinkindforschung, der Bindungstheorie und zahlreicher weiterer psychoanalytischer Entwicklungspsychologien betonen, es werde zwar das Schicksal des Einzelnen früh geformt, jedoch nicht ohne dass dieser, schon als Säugling, aktiv an dieser Formung beteiligt sei. Hier hat Hölderlin in seinem oben angeführten Schicksalslied nicht Recht: Schicksalslos, wie er meint, ist der Säugling eben nicht …

© Springer-Verlag Berlin Heidelberg 2014
R. T. Vogel, *Schicksal und Psychotherapie*, essentials,
DOI 10.1007/978-3-662-44762-8_5

Einerseits bestand Freud auf der schicksalhaften Vorprägung durch die Kindheit, andererseits wies er immer wieder auf die Möglichkeit der Einflussnahme auf das Schicksal, etwa durch Arbeit, sicher aber auch durch psychoanalytische Reflexion, hin. Die zentrale Bedeutung des Ödipus-Dramas bei Freud weist jedoch bereits auf den in der Psychoanalyse inhärenten und wohl weiterhin ungeklärten Gegensatz zwischen fremdbestimmtem „Schicksal und Menschenwillen, der in dieser Tragödie auftritt" (Boller 2007, S. 13), hin.

Moderne psychoanalytische Theorien allerdings ignorieren den Schicksalbegriff in ihrer Ablehnung des Nicht-Machbaren oft völlig. In der Objektbeziehungspsychologie oder Mentalisierungstheorie geht es um Optimierungsvorhaben psychotherapeutischen Handelns, die der Anerkennung des Nicht-Machbaren zuwiderlaufen. Anders wiederum bei Freud selbst, der sich v. a. in ‚Die Zukunft einer Illusion' (1927) und drei Jahre später in ‚Das Unbehagen in der Kultur' dem Schicksal zuwandte. Benutzte er sonst den Schicksalsbegriff eher allgemeinsprachlich, so verknüpfte er hier den Schicksalsglauben mit der Annahme einer wie immer gearteten sinnvollen Vorsehung. Diesen Vorsehungsglauben versuchte er dann als ‚Infantilismus' zu dekonstruieren.

Wie generell im Alltagsgebrauch so finden wir auch bei Freud eine eher negative Tönung des Schicksalsbegriffs: „Das Leben, wie es uns auferlegt ist, ist zu schwer für uns, es bringt uns zuviel Schmerzen, Enttäuschungen, unlösbare Aufgaben"(1930, S. 207), meinte er dann auch, hatte aber auch einen Ratschlag, wie wir mit dem schweren Menschenschicksal umgehen könnten: „Am meisten erreicht man, wenn man den Lustgewinn aus den Quellen psychischer und intellektueller Arbeit genügend zu erhöhen versucht" (ebd., S. 211). Kunst und Forschung werden z. B. hier genannt, so dass das Lesen dieses Büchleins also nicht nur dazu beiträgt, etwas über das Schicksal zu erfahren, nein, die intellektuelle Arbeit hilft allen gleich auch bei dessen Bewältigung!

Anhand der Entwicklung des Schicksalsbegriffs bei C.G. Jung können die bis heute in der Psychoanalyse gängigen, meist impliziten Schicksalskonzeptionen gut nachgezeichnet werden. Die „Schicksalsdetermination durch den Einfluss des familiären Milieus" (Jung 1910, GW Bd. 2, § 1009) ist wohl die heute im Mainstream der Psychoanalyse gängigste, kausal-reduktionistische Begründung der Gewordenheit des Menschen. Ihre historisch am konsequentesten ausgeformte Variante ist die sog. ‚Schicksalsanalyse' von Leopold Szondi, der z. B. von einem familiären Unbewussten spricht (1944, s. u.). Jung benutzt den Schicksalsbegriff alltagssprachlich und durchaus häufig, allerdings ist bei der Rezeption Jungscher Schriften zu bedenken, dass wir es mit sehr unterschiedlichen Werkkategorien mit einem sehr heterogenen Wissenschaftlichkeitsanspruch zu tun haben (Vogel 2008a). Vor allem auch im Zusammenhang mit seinen Äußerungen zur Liebe taucht der Schicksalsbegriff auf. Diese „erweist sich empirisch als die Schicksalskraft par excellence… Sie ist einer der mächtigsten Beweger der menschlichen Dinge…" (Jung 1950, GW Bd. 5, § 98) und weiter: „Die Liebe ist eine der großen Schicksalsmächte, die vom Himmel bis in die Hölle reichen" (Jung 1928, GW Bd. 10, § 198). Jung ist dabei aber kein Euphemist. Er spricht auch von einer „dämonischen Schicksalsmacht" und erkennt sie in den „düsteren und schweigsamen Tragödien, die sich langsam und qualvoll in den kranken Seelen unserer Neurotiker vollenden" (Jung 1926, Bd. 4 § 363). Später aber, und erst damit bringt er das tiefenpsychologische Schicksalskonzept wieder in Einklang mit seiner ursprünglichen kulturgeschichtlichen Bedeutung, ergänzt er in seiner Vorrede zur zweiten Auflage desselben Aufsatzes: „… ich habe gesehen, dass die Wurzeln von Seele und Schicksal tiefer reichen als der ‚Familienroman', und dass nicht nur die Kinder, sondern auch die Eltern bloße Zweige eines großen Baumes sind" (ebd., S. 347). Er spricht damit diejenigen Mächte in uns und um uns herum an, die weiter gehen als die persönliche Biografie, die er im kollektiven Unbewussten verortet, und die uns mit ‚schicksalhaften' Themen konfrontieren, einfach weil wir Menschen sind. Die Inhalte des kollektiven Unbewussten, die Archetypen, werden eben als menschheitsimmanente Grundkategorien des Wahrnehmens, Einordnens, Empfindens und Verarbeitens angesehen und unterlegen das von Freud konzipierte persönliche Unbewusste wie auch unsere Bewusstseinsakte. „Der Individuationsprozess" schließlich, der Weg des Menschen zu sich selbst innerhalb und außerhalb des psychoanalytischen Prozesses, kann in der Einschätzung der Jungschen Psychoanalytiker ebenfalls „als Schicksalsweg" (Schnocks 2013, S. 33) verstanden werden, unterliegt er doch in weiten Strecken und in den uns auf dem Weg gestellten Anforderungen einer Eigendynamik, die sich der Einflussmöglichkeit des Einzelnen weitgehend entzieht. In der Analytischen Psychologie finden wir in diesem Zusammenhang auch in der ‚Finalität', der Annahme einer Ziel- und Zweckgerichtetheit des menschlichen Lebenswegs, eine wichtige Ergänzung zum Freudschen Kausalitätsprinzip (Vogel 2008). Die Verbindung zwischen Lebensweg und Schicksal wurde bereits früh in der Denkgeschichte der Menschheit erkannt. Vor allem die in allen maßgeblichen religiösen und spirituellen Traditionen praktizierten Pilgerfahrten sind ein sichtbarer, ritualisierter Ausdruck dieses Zusammenhangs (Vogel 2006). Das Schicksal ist dann nicht nur das uns Geschickte, sondern es schickt uns gleichsam auch auf unseren ureigensten Weg. „Schicksal, werde, der Du bist', die uns bestimmenden Lebensaufgaben, – das sind Ausdrücke, die einander ersetzen können," meint Verena Kast (2008, S. 27) auch folgerichtig und findet in diesen Begriffsbestimmungen Anschluss an die existenzielle Philosophie.

Die ‚Schicksalsanalyse'

Der ungarische, später in der Schweiz lebende Pädagoge und Tiefenpsychologe Leopold Szondi (1963–1986) ist eine der schillerndsten Figuren der europäischen Psychotherapiegeschichte. Zunächst vorwiegend an der Erforschung einer bestimmten Erblehre (Genotropismus) interessiert, entwickelte er sich in den darauffolgenden Jahren sukzessive zu einem interessanten tiefenpsychologischen Denker der frühen Jahre, der dem Freud'schen persönlichen und dem Jungschen kollektiven Unbewussten ein so genanntes ‚familiäres Unbewusstes' zugesellte. Szondi begründete damit eine Annahme, die heute in vielen therapeutischen Schulrichtungen als selbstverständlich gilt, ohne dass man sich der Wurzeln noch bewusst wäre. In unserem Zusammenhang ist von Bedeutung, dass Szondi v. a. in dieser familiär-erblichen unbewussten Schicht das Schicksalhafte unserer Existenz erkannte, indem er annahm, dass unsere gesamten „Wahlentscheidungen" hieraus erwüchsen. Diese Wahlentscheidungen nämlich beeinflussten, ja bestimmten nicht nur etwa solch zumindest teilbewussten Entscheidungen wie Partnerschafts- oder Berufswahlen, sondern bezögen sich auch auf die Entstehung bestimmter Krankheitsbilder.

Später differenzierte Szondi ein sog. ‚Zwangsschicksal', das abstammungs- und triebbestimmt zur Unfreiheit führt von einem ‚Freiheitsschicksal', das bei ihm transpersonale Züge trägt. Auch wenn man dieser Unterscheidung nicht bedingungslos folgen will, muss Szondis Bemühen um den Schicksalsbegriff anerkannt werden. Dass auch er die große Frage nach Zwang vs. Freiheit (s. u.) nur unbeholfen beantwortete, kann ihm sicher nicht angelastet werden.

Das Schicksal im existenziellen Kontext 6

Der enge Zusammenhang zwischen dem Schicksalsbegriff und den existenziellen Parametern des Seins wird von Verena Kast erkannt, individuelles Schicksal und kollektives Schicksal laufen ineinander.

In ‚Sein und Zeit‘, v. a. in dessen fünften Kapitel ‚Zeitlichkeit und Geschichtlichkeit‘ (S. 372 ff.), widmet sich Martin Heidegger (2006) den Termini des Geschicks und des Schicksals. Das Geschick ist dabei das kollektive Geschehen einer Gruppe oder einer Gesellschaft. Es ist ein gemeinsames Erbe, aus dem bei ihm später das ‚Seinsgeschick‘ wird. ‚Schicksal‘ im engeren Sinne ist für Heidegger das eigentliche Geschehen, indem sich das Dasein an eine ererbte Möglichkeit überliefert. Auch seine Begriffe „Faktizität“ und „Geworfensein“ sind als Schicksalsbegriffe deutbar, sein ‚Wesensbegriff‘ enthält weitere maßgebliche Schicksalskomponenten. Heidegger fokussiert auf das ‚Schicken‘ im Schicksalsbegriff und kommt mit dieser Ausrichtung nach vorne nahe an Jungs Finalitätsdenken heran. Dabei geht er nicht davon aus, dass der Einzelne passiv einem Schicksal ausgeliefert wäre. Vielmehr meint er, nur der authentisch Lebende könne ein eigentliches Schicksal haben, also aus den Möglichkeiten, die auf seinen Weg geschickt wurden, die passende wählen (vgl. Caputo 1987).

Die französischen Existenzialisten um Jean-Paul Sartre, Simone de Beauvoir und Albert Camus benutzten eine andere Terminologie und konzentrierten sich hingegen auf die Absurdität des menschlichen Schicksals, in dessen Annahme sich die Größe des Menschenmöglichen zeige. Vor allem Camus befasste sich in seinem 1942 erstveröffentlichten ‚Mythos von Sisyphos‘ explizit mit dem Schicksalsthema und kommt zu dem Schluss, es sei nötig, aus dem Schicksal „eine menschliche Angelegenheit“ zu machen, die „geregelt werden muss“. Und

© Springer-Verlag Berlin Heidelberg 2014
R. T. Vogel, *Schicksal und Psychotherapie*, essentials,
DOI 10.1007/978-3-662-44762-8_6

weiter: „Darin besteht die verborgene Freude des Sisyphos. Sein Schicksal gehört ihm. Sein Fels ist seine Sache. (…) Wenn es ein persönliches Geschick gibt, dann gibt es kein übergeordnetes Schicksal oder zumindest nur eines, das er unheilvoll und verachtenswert findet. Darüber hinaus weiß er sich als Herr seiner Tage. (…) Der Kampf gegen den Gipfel vermag ein Menschenherz auszufüllen. Wir müssen uns Sisyphos als einen glücklichen Menschen vorstellen" (2011, S. 144). Der alte griechische Mythos von dem von den Göttern grausam bestraften Sisyphos hat nach Camus schon zahlreiche Psychotherapeuten zu für die therapeutische Praxis fruchtbaren Überlegungen inspiriert (z. B. Kast 2004; Sulz 2003). Er gehört sicher zu der ‚Pflichtlektüre' für jeden helfenden Berufsstand…

Trotz ihrer eher dunklen Grundausrichtung setzen die Existenzialisten also dem Schicksal ein für die Psychotherapie hochrelevantes, trotziges, ja verachtendes ‚trotzdem' entgegen. Es zeigt uns, dass nicht nur die willfährige ‚Annahme', sondern auch die aggressive Empörung eine geeignete Umgangsweise mit Schicksalhaftem sein kann. Verzweiflung, aber eben auch Engagement und Solidarität folgen aus der Einsicht in die Absurdität des Schicksals. Der Freie Wille, der oft als Antagonist des Schicksals gesehen wird, wird ihm nun beigestellt, ja auf es bezogen.

Die sog. Existenzielle Psychotherapie, die in den 50er Jahren des letzten Jahrhunderts von Rollo May (1909–1994) in den USA ins Leben gerufen wurde und die heute die am prominentesten von dem Psychoanalytiker und Belletristik-Autor Irvin Yalom (2010) vertretene Therapierichtung ist, unterscheidet vier den Menschen ausmachende Grund-Gegebenheiten, die auch das menschliche Schicksal hinreichen zu umfassen scheinen. Es sind dies *Freiheit, Tod, Sinn* und *Einsamkeit:*

- Der Schicksalsbegriff oder zumindest eine häufige Anwendungsform desselben besteht darin, ihn als Antwort auf die Frage nach der (eingeschränkten) menschlichen *Freiheit* einzusetzen. Die eine Richtung argumentiert also mit dem Schicksal als Begründung für die dem Menschen an vielen Stellen begegnende, kränkende oder ängstigende Feststellung, ohne wirklich klar ersichtlichen Grund in seinen (Handlungs-)Möglichkeiten eingeschränkt zu sein. Freiheit ist hier meist alltagssprachlich vereinfacht definiert als Befähigung, stets das zu tun, was man auch will und das Schicksalskonzept ermöglicht die Rettung des angekratzten Selbstwertgefühls, wenn Nicht-Machbares auf etwas wie auch immer geartetes ‚Höheres', eben Schicksalhaftes, verschoben werden kann. Eine andere, vorwiegend von existenziellen Philosophen vertretene Sicht argumentiert fast gegensätzlich: Die Freiheit des Menschen endet nach dieser Ansicht nicht beim – durchaus anerkannten – Schicksalhaften, sondern wird durch dieses erst herausgefordert! Heideggers Definition des Daseins als einem „Geworfenen Entwurf" verlangt uns das Aushalten von

Gegensätzen, von Verantwortung trotz und durch Einschränkung, ab. Sartres berühmtes Wort, der Mensch sei ‚zur Freiheit verurteilt' meint allerdings nicht den allgemeinsprachlichen Freiheitsbegriff, sondern die immer gegebene Freiheit, sich seinem eigenen Schicksal gegenüber positionieren zu können. Er kommt damit nahe an die psychotherapeutische Aufgabe der Herausbildung einer selbstreflexiven, metakognitiven ‚dritten' Position, von wo aus wir unser Schicksal – und uns mittendrin – betrachten und beurteilen, also eine Haltung dazu aufbauen können (angemerkt sei hier, dass auch das psychoanalytische Training v. a. darauf aus ist, diese dritte Position zu entwickeln und sie der empathischen Teilnahme und der Selbstreflexion des Analytikers als Drittes hinzuzufügen, Zwiebel 2007). Der in psychologischen Kreisen verfehmte Fatalismus meint hier, sich passiv ins Schicksal zu ergeben, zu resignieren, aufzugeben, im Gegensatz zu Sartres Diktum, sich beständig in Freiheit auf das eigene Schicksal zu beziehen. Sartre weist uns eben auch darauf hin, unser Sein nicht mehr nur als gegeben, sondern auch als Aufgabe zu betrachten.

Schicksal, Gut und Böse

Mit seiner engen Verknüpfung zum Freiheitsthema kommt das Schicksalskonzept auch in die Nähe der Frage nach dem „moralischen Gegensatzpaar Gut und Böse" (Jung 1934, Bd. 7, § 237), und ob dieses etwa schicksalhaft dem Menschengeschlecht und jedem Einzelnen aufgesetzt ist. Das Gegensatzpaar Gut und Böse ist „schon in der Kollektivpsyche vorhanden" (ebd., § 237), fraglich ist, ob es sich dabei um jeweilige Einzelentscheidungen handelt, die man auch anders, also zum Guten hin, hätte treffen können. Der deutsche Philosoph und Schriftsteller Rüdiger Safranski sieht „das Böse als Preis der Freiheit" (2011) und leitet diese These stimmig aus der Philosophie- und Religionsgeschichte ab. Das Gleiche müsste allerdings auch für das Gute gelten, von dem bekanntlich bereits Aristoteles meinte, es sei das eigentliche Ziel des menschlichen Seins, das, wonach alles im Innersten strebe. Safranski weist aber auch auf die für unseren Schicksalsbegriff sehr bedeutsame Kant'sche Unterscheidung zwischen Ursachen, die kausal determinierend auch Schicksalhaft-Unveränderbares enthalten, und Gründen („Kausalität aus Freiheit") hin, die im Gegensatz dazu der Veränderungsgewalt des Menschen unterlägen. Psychotherapie hätte in diesem Zusammenhang also für das Unfreiheitserleben des Patienten diese Unterscheidung zu treffen und ihre Interventionen dann danach auszurichten.

- Die Frage nach dem *Sinn* eines Geschehnisses, einer Erkrankung oder einer psychischen Symptomatik durchzieht, explizit oder implizit, einen Großteil psychotherapeutischer Behandlungen. Auch die Entstehung von Psychopathologie wird von maßgeblichen Vordenkern wie Viktor Frankl oder C.G. Jung um die Sinnfrage gruppiert. Ersterer entwickelte eine Konzeption der ‚existenziellen (noogenen) Neurose, die durch Sinnlosigkeitsgefühle entstünde (z. B. Frankl 2009), Zweiterer meinte gar seelisches Leiden könne „letztendlich verstanden werden als ein Leiden der Seele, die ihren Sinn nicht gefunden hat" (1932, GW Bd. 11, § 497). Das Schicksal kann auch als Sinnzuschreibung, als Sinngeber, ja sogar als Teil einer Transzendierung des eigenen Selbst eingesetzt werden. Unsinniges, Unbegreifbares wird dann als vom Schicksal gewollt oder gar bestimmt in die Nähe der Vorsehung gebracht. Aber auch als ‚Kapitulation vor der Sinnfrage' wird der Schicksalsgedanke in den Diskurs eingeführt. Der dann mit dem Schicksal eng assoziierte Zufallsbegriff schließt eine Sinnkonstruktion per definitionem aus. Zufällig heißt eben auch primär sinnlos und nur langes Arbeiten und Meditieren kann aus einem zufälligen Ereignis im nachhinein (!) vielleicht etwas Sinnhaftes herauslesen oder konstruieren. Dieses weit verbreitete therapeutische Vorgehen würden die sog. Sinn-Internalisten versuchen, während Sinn-Externalisten darauf aus wären, einen „objektiven Sinn von Gott, objektiven Werten etc. als externer Sinnquelle abhängig" zu machen (Meggle 2011, S. 247).
- Im Spektrum philosophischer Denkrichtungen ist es v.a der sog. ‚Nihilismus', der die Annahme universaler oder auch nur auf den einzelnen Menschen bezogener Sinnannahmen radikal ablehnt. Eine wie auch immer geartete Sinnsuche müsse zwangsläufig misslingen und dies zu akzeptieren, mache die Hauptaufgabe des Menschen aus.
- Im Gegensatz zu dem Berliner Philosophen Peter Bieri, der die Philosophie als ‚Handwerk der Freiheit' bezeichnete, gebührt bei einer vom Schicksalsbegriff inspirierten Herangehensweise dieser Titel doch eher der Psychotherapie, wenn sie versucht, Sinnkomponenten aufzufinden oder als völlig unsinnig Erkanntes auszuhalten (Vogel 2013).
- Der *Tod* (die tödliche Erkrankung) schließlich als ‚Schicksalsmacht' als „der finale Hieb des Schicksals" (Mohr 2013, S. 156) schlechthin, wird schon umgangssprachlich dem Schicksal beigesellt. *Atropos* (griech. ‚die Unabwendbare') ist die dritte und älteste der griechischen Schicksalsgöttinnen, der Moiren. Sie schneidet den Lebens- bzw. Schicksalsfaden ab und gerade in der Unabwendbarkeit dieses Tuns vollendet sich das Schicksal jedes einzelnen Menschen. Der Tod steht auch in unserer, von hochtechnisierter Überlebensmedizin geprägten Gesellschaft, noch immer für das Unverfügbare schlechthin. Viele Philosophen und Tiefenpsychologen sehen in der Entwicklung der

Religionen nichts anderes als den Versuch, dieses Unverfügbare durch Riten, Opfer und Gebete doch wenigstens bis zu einem gewissen Ausmaß beeinflussen zu können. In der von uns abverlangten Stellung zu dessen Unbestimmbarkeit, seiner Unverständlichkeit, ja Absurdität liegt die Herausforderung zahlreicher psychotherapeutischer Prozesse. In der existenzphilosophischen Ausgestaltung gibt es allerdings eine besondere Verknüpfung, denn: „Nur das Freisein für den Tod gibt dem Dasein das Ziel schlechthin und stößt die Existenz in ihre Endlichkeit. Die ergriffene Endlichkeit der Existenz reißt aus der endlosen Mannigfaltigkeit der sich anbietenden nächsten Möglichkeiten des Behagens, Leichtnehmens, Sichdrückens zurück und bringt das Dasein in die Einfachheit seines Schicksals" (Heidegger 2006, S. 384). Im Übrigen gibt es einige Varianten griechischer Mythologie, die die Bestrafung des Sisyphos durch primär sinnlose Arbeit auf dessen frevlerischen, nicht-akzeptierenden Umgang mit Tanathos, mit dem Tod also, zurückführen. Der für unseren psychotherapeutischen Zusammenhang nützliche Hinweis dieser Geschichte besteht in der Annahme, dass viele schwere Schicksale und Lebenswege durch eine mangelnde Ausrichtung auf den Tod bedingt sind und dass eine einübende ‚Abschiedlichkeit', ja die Entwicklung einer ‚Abschiedlichen Existenz' (Weischedel 1977), ein Gewinn bringendes therapeutisches Unterfangen sein könnte.

- Das existenzielle Thema der *Einsamkeit* schließlich greift v. a. einen bestimmten Aspekt der Schicksalsbegrifflichkeiten heraus: Trotz unbestreitbarer gemeinsamer, ja kollektiver Schicksale ist das Abspulen des Schicksalsfadens des Einzelnen durch die Nornen doch ein singuläres und damit im Endeffekt auch einsames Geschehen. Natürlich können andere an unserem Schicksal teilhaben, sich mit ihm vermischen, aber tragen werden wir es immer alleine.

Zur Therapie des Schicksals

Man hat schon viele Bewegungsbegriffe umdenken müssen, man wird auch allmählich erkennen lernen, dass das, was wir Schicksal nennen, aus den Menschen heraustritt, nicht von außen her in sie hinein.
Rainer Maria Rilke, Briefe an einen jungen Dichter (1904/2013)

Empirische Schicksalsforschung ist bzgl. der Nützlichkeit des Schicksalskonzepts für die Lebensbewältigung des Einzelnen uneinheitlicher Meinung (z. B. Specht et al. 2011). Wie nun aber ‚psychoanalytisch und existenziell-philosophisch inspiriert' therapeutisch umgehen mit den schicksalhaften Windungen des Lebenswegs? Eine bloße *amor fati*, eine Schicksalsliebe, die Nietzsche immer wieder als

Kennzeichen menschlicher Größe anpries, kann es wohl nicht sein. Zu oft stehen wir zutiefst betroffen menschlichen Schicksalen gegenüber, die eine derartige Positivierung nicht so einfach erlauben. Aber auch sein Gegenteil, ein *odium fati*, ein Hass auf das Schicksal, kann in die Neurose treiben. Wir könnten versuchen, das Schicksal mit unseren therapeutischen Mitteln zu bekämpfen, den Patienten befähigen, es abzulehnen, zu akzeptieren oder anzunehmen, es zu begrüßen oder zusammen mit uns mit ihm zu hadern. Und wir könnten uns, inspiriert von den existenzialistischen Denkern, dem Bereich ‚dosiert' annähern, wenn wir die existenziellen Themen betrachten, die uns im Schicksalsbegriff entgegenkommen. Vor allem Tod und Freiheit sind, wie wir sahen, betroffen, aber auch Sinn und Einsamkeit sind tangiert. Im Todesthema aber kulminieren die existenziellen, d. h. schicksalhaften, Wesensbedingungen im Menschen, und dies macht Sterblichkeit und Tod zum wichtigsten, evtl. aber auch zum schwierigsten Therapiethema überhaupt (Vogel 2012).

Unser Schicksal, so würden viele existenzialistisch ausgerichtete Philosophen sagen, konfrontiert uns also mit allem uns Menschen Ausmachenden, mit unserem Wesen, mit den uns konstituierenden, eben existenziellen Themen, manchmal schrittweise, manchmal in einem völligen Überschwall. Von Jung über Szondi, Heidegger und Sartre ist dabei das Augenmerk auf die Möglichkeiten eines *aktiven* Umgangs mit dem, was uns schicksalhaft zustößt, gelegt worden. Dieser Umgang darf nicht verwechselt werden mit einer äußeren Einflussnahme, mit einer handelnden Veränderung. Ist diese möglich, so haben wir es, wie oben dargestellt, gar nicht wirklich mit etwas Schicksalhaftem zu tun. Vielmehr geht es in der Therapie um eine mit der Anamnese (die damit zu einer ‚existenziellen' Anamnese wird) beginnende aktiv-achtsame Zuwendung zum Unveränderlichen und eine höchsteigene Positionierung ihm gegenüber. Zunächst also ist Schicksal hinzunehmen, auszuhalten: „Ich hoffe, Sie können ertragen, anstatt gegen die drückenden Notwendigkeiten des Schicksals zu kämpfen. Nur so bleiben Sie im Zentrum", schreibt Jung an einen unbekannten Adressaten (Jung 1990, S. 222). Die aktiv-achtsame Zuwendung betrifft jedoch auch die positiven Schicksalsfügungen, die allzu leicht ignoriert, rationalisiert oder entwertet werden. Es geht also um diese wache und aufmerksame Haltung den Windungen, Verknotungen und Schlingen des Schicksalsfadens gegenüber, die die existenziellen Philosophen und Psychotherapeuten in den Themen Freiheit, Sinn, Einsamkeit und Tod erkennen und die in einem zweiten Schritt, und darauf weisen die existenzialistischen Philosophen im Besonderen hin, immer auch Wahlmöglichkeiten enthalten und Entscheidungen verlangen: „Dabei kommt es vor allem auf die seelische Haltung an, die der Mensch seinem Leben und seinem Schicksal gegenüber einnimmt. Wie die Fäden eines Gewebes zu einem Bilde gewirkt werden, so wird das Selbst [...] gewirkt aus den vielen, vielleicht geringfügigen Entscheidungen, die das Leben einem abverlangt". (Emma Jung 1997).

Psychische Symptome entstehen in diesem Blickwinkel in erster Linie durch nicht wahrgenommene Entscheidungsmöglichkeiten, dem existenzialistischen ‚unauthentischen Leben'. In der Psychoanalyse sind es v. a. Otto Rank und C.G. Jung, die auf eine ‚Lebensangst' als Grundlage vieler psychischer Störungen hinweisen, die u. a. daraus resultieren, sein ureigenstes Leben nicht zu leben. Das Leben ist eben nicht nur Schicksal, es ist auch Entwurf! Psychotherapie kommt dann in die Nähe des Ringens um Authentizität und Sinnerfahrung bzw. der Anerkennung von dessen Unmöglichkeit. Sie wiederum liegen, dieser Auffassung folgend, im Erkennen und bewussten Leben des eigenen Schicksals und im Annehmen der Lebensaufgaben, was dann „dem Leben unmittelbar Sinn gibt". Der Freiheitsaspekt liegt in der Frage der Haltung zum eigenen Schicksal: „Die Bedeutung, die ein Schicksal hat, liegt zunächst im Wesentlichen darin, welche Bedeutung er [der Mensch, Anm. d. Verf.] seinem Schicksal gibt. Und dementsprechend, mit welchem Ernst er sich darum bemüht, dieses Schicksal dann auch zu leben" (Kast 2008, S. 28). Schicksalstrauer, weil vieles des so sehr Ersehnten und Gewollten nicht möglich ist, ist nicht selten, wie überhaupt die wertschätzende Betrachtung der vielen kleinen und großen Trauerprozesse in der Therapie „den Umgang mit Schicksalsschlägen verändert" (Pflichthofer 2012, S. 255), aber auch das Ergreifen von Schicksalschancen und Hoffnung sind dann (wieder) möglich.

Die ‚Existenzielle Anamnese'

Lässt man sich als praktisch arbeitender Psychotherapeut vom Schicksalsgedanken inspirieren oder gibt man dem Schicksalsgedanken auch nur einigen Kredit, so ist es ratsam, bereits in den ersten Kontakten mit dem Patienten ein Interesse an schicksalhaften Themen zu bekunden. Dies geschieht am Besten bereits bei der Erhebung der Biografie, also beim fragenden Kennenlernen unseres Gegenübers, in Gestalt einer sog. ‚Existenziellen Anamnese'. Diese erfolgt durch:

1. das explizite Bezeugen von Interesse für die existenziellen Themen
2. das Benennen der existenziellen Themen hinter den manifesten Themen, die vom Patienten geschildert werden
3. das Benennen von Entscheidungssituationen und Entscheidungen
4. das Interesse für die jeweilige Wahl (Prozess und Ergebnis der Wahl) des Patienten im jeweiligen Lebenskontext

(Vogel 2013)

Die therapeutische Beziehung als ‚Schicksalsverbundenheit'

> Die Seele erscheint daher als ein Inbegriff von Beziehung
> C.G. Jung (1946, § 504)

Die Auseinandersetzung mit dem Schicksal kann die Sache des Einzelnen nicht sein; sie verlangt nach Beziehung. Für die therapeutische Beziehung heißt das bisher Gesagte, dass es neben aller Unterschiedlichkeit in Person und Rolle, die zwischen Patient und Therapeut herrscht, auch eine „Schicksalsverbundenheit" (v. Franz 2004, S. 242) gibt, einen mehr oder weniger bewussten Bereich also, der beiden Partnern der therapeutischen Situation gleich ist. Sinn, Tod, Freiheit, Einsamkeit, sie gehen eben Therapeut und Patient gleichermaßen an und sie sind für beide gleichermaßen problematisch. Für den Therapeuten bedeutet das, sich für die Konfrontation mit dem Schicksalhaften seiner Patienten gut zu rüsten. Viele therapeutische Schulrichtungen geben uns Rüstzeug für diesen Weg in die Hand, ja haben sich gar, wie etwa die Daseinsanalyse Ludwig Binswangers, die Logotherapie Viktor Frankls oder die Analytische Psychologie C.G. Jungs, auf derartige Reisen entlang der Schicksalsfäden spezialisiert (Vogel 2013). Die therapeutische Beziehung als eine ‚Schicksalsverbundenheit' zu konzipieren, meint im Einzelnen:

- Patient und Therapeut verbindet als Menschen ein gemeinsames Schicksal (z. B. die existenziellen Themen).
- Beide verbinden ihre Lebenswege zu einem gemeinsamen Schicksal und wirken darin aufeinander ein.

Diese, auf der Anerkennung eines gemeinsamen und gemeinsam gestalteten Schicksals beruhende, Sicht der therapeutischen Beziehung finden wir in anderen Worten wieder in der derzeit modernsten Sicht auf die Therapiebeziehung, der sog. Intersubjektivitätstheorie. Dieser, aus Soziologie und Sozialphilosophie auf das Gebiet der Psychotherapie übertragene Blick auf nahe menschliche Beziehungen, zuweilen auch als ‚Kontextualismus' bezeichnet, „… beruht auf der Annahme, dass Patient und Analytiker [Therapeut, Anm. d. Verf.] eine unauflösliche Einheit bilden und dass Bedeutung aus diesem System heraus entsteht" (Jaenicke 2006). Als philosophische Paten dieser Beziehungstheorie finden wir auch einige derjenigen Autoren wieder, die wir bereits im Zusammenhang mit dem Schicksalskonzept kennengelernt hatten: Martin Heideggers Dasein und Mit-Sein, Ludwig Binswangers ‚Mitweltlichkeit des Menschen', Martin Bubers ‚Wir zwischen ich und Du' sind hier u. a. zu nennen (Bohleber 2013). Die psychoanalytische Selbstpsychologie ist mit der Jungschen Analytischen Psychologie und schließlich der ‚Relationalen Psychoanalyse' als therapeutische Vorläuferin der Intersubjektivitätstheorie anzusehen. In der derzeit aktuellsten Darstellung des Intersubjektivismus definiert ihn der Münchner Psychoanalytiker Michael Ermann als Beschreibung des Zustandes „der Bezogenheit zwischen (lat: *inter*) Subjekten und das Ergebnis der Prozesse, die daran beteiligt sind. Unter dem Paradigma der Intersubjektivität rückt das Gemeinsame zwischen Menschen ins Zentrum der Betrachtung." Weiter spricht er von einem „imaginären Zwischenraum zwischen den Beteiligten und von einem intersubjektiven Feld" (Ermann 2014, S. 11). Diese Darstellungen erinnern stark an die Beschreibung der therapeutischen Beziehung, wie sie C.G. Jung bereits vornahm. Jung ging bereits 1946 in ‚Psychologie der Übertragung' (GW Bd. 16) in einem von der Alchemie abgeleiteten Modell der therapeutischen Beziehung auch von einer Verbindung des Unbewussten von Therapeut und Patient aus und viele Jungsche Therapeuten sind bis heute der Überzeugung, wahrscheinlich übe die „Psychotherapie ihre Wirkungen vor allem von diesem Bereich (des gemeinsamen Unbewussten) her aus, in dem unbewusst gegenseitige Beeinflussung stattfindet" (Jacoby 2000, S. 57). Diese Auffassung eines gemeinsamen unbewussten Raumes geht noch ein ganzes Stück über die gängige intersubjektivistische Sicht der „Überschneidung zweier Subjektivitäten" (Jaenicke 2010) hinaus, schließt diese jedoch durchaus mit ein. Gleichzeitig finden wir nach den Vorstellungen der Analytischen Psychologie in der jedem Menschen innewohnenden Schicht des kollektiven Unbewussten gemeinsame, schicksalhafte Motive, die eine weitere, nun ganz fundamentale Verbundenheit ausmachen und das zwischenmenschlich sich bildende „intersubjektive Unbewusste" (Ermann a. a. O., S. 109) maßgeblich erweitern. Das damit stattfindende ‚sich gegenseitig zu einer Facette des Schicksals Machen' bedeutet auch eine wirkliche gegenseitige Einflussnahme: „Es ist (…) mit keinem Kunstgriff zu vermeiden, dass die Behandlung das Produkt einer gegenseitigen Beeinflussung ist, an welcher das ganze Wesen des Patienten sowohl wie das des Arztes teilhat", so Jung bereits 1928. Modern ausgedrückt kommt es zu einer „gegenseitigen Regulierung" bzw. einer „bidirektionalen, reziproken Gemeinsamkeit der therapeutischen Beziehung" (Jaenicke 2006, S. 26 f.).

Die therapeutische Arbeit wird für den Psychotherapeuten in Anerkennung des Faktums einer schicksalhaften, in weiten Teilen gemeinsam-unbewussten Verbundenheit also weit mehr als die Anwendung mehr oder weniger wirksamer Methoden in einem mehr oder weniger engen Beziehungskontext. Sie wird, so Jung, zu „nichts Geringerem als einer menschlichen Bewährungsprobe" (1946, GW Bd. 16, § 239).

Was Sie aus diesem Essential mitnehmen können

- Die subjektive Sicht des Patienten auf das Schicksal ist von großer Bedeutung für den psychotherapeutischen Prozess.
- Vor allem bei den existenziellen Themen Sinn, Freiheit, Einsamkeit und Tod wird das subjektive Schicksalskonzept virulent.
- Aus Philosophie und Mythologie ergeben sich für die therapeutische Arbeit mit dem Schicksalsbegriff wichtige Erweiterungen und Anregungen.
- Die therapeutische Beziehung ist (auch) eine Verbundenheit zweier Schicksale, innerhalb derer beide Akteure aufeinander einwirken.

© Springer-Verlag Berlin Heidelberg 2014
R. T. Vogel, *Schicksal und Psychotherapie*, essentials,
DOI 10.1007/978-3-662-44762-8

Literatur

Benecke, C. (2014). *Klinische Psychologie und Psychotherapie. Ein integratives Lehrbuch.* Stuttgart: Kohlhammer.

Bohleber, W. (2013). *Gesellschaftliche Demokratisierung und der Aufstieg des intersubjektiven Paradigmas in der Psychoanalyse – Eine kritische Bestandsaufnahme.* DGPT-Tagung, Berlin.

Boller, C. (2007). *Die Freudsche Interpretation des ‚König Ödipus‘ als ein Beispiel für die psychoanalytische Deutung der Literatur, die Kritik an dieser Deutung sowie die Interpretationsmethoden der psychoanalytischen Literaturwissenschaft.* Norderstedt: Grin Verlag.

Camus, A. (2011). *Der Mythos von Sisyphos.* Hamburg: Rowohlt Verlag.

Caputo, J. D. (1987). *Radical Hermeneutics. Repetition, deconstruction, and the Hermeneutic Project* (Studies in Phenomenology and Existential Philosophy) Indiana: Indiana University Press.

Converse, B. A., Risen, J. L., & Carter, T. J. (2012). Investing in Karma. When wanting promotes helping. *Psychological Science, 23,* 923–930.

Drewermann, E. (2013). *Liebe, Leid und Tod. Daseinsdeutung in antiken Mythen.* Ostfildern: Patmos.

Ermann, M. (2014). *Der Andere in der Psychoanalyse. Die intersubjektive Wende.* Stuttgart: Kohlhammer.

Frankl, V. (2009). *Das Leiden am sinnlosen Leben.* Stuttgart: Herder Verlag.

von Franz, M.-L. (2004). *Psychotherapie.* Krummwisch: Königsfurt Verlag.

Freud, S. (1915). *Triebe und Triebschicksale.* (GW Studienausgabe, Bd. 3). Frankfurt a. M.: Fischer.

Freud, S. (1924). *Der Untergang des Ödipuskomplexes* (GW Studienausgabe, Bd. 5). Frankfurt a. M.: Fischer.

Freud, S. (1927). *Die Zukunft einer Illusion* (Studienausgabe). Frankfurt a. M.: Fischer.

Freud, S. (1930a). *Das Unbehagen in der Kultur* (GW Studienausgabe, Bd. 9). Frankfurt a. M.: Fischer.

Freud, S. (1930b). *Das Unbehagen in der Kultur* (Studienausgabe, Bd. 9). Frankfurt a. M.: Fischer.

© Springer-Verlag Berlin Heidelberg 2014
R. T. Vogel, *Schicksal und Psychotherapie,* essentials,
DOI 10.1007/978-3-662-44762-8

Frick, E., Fegg, M. J., Tyroller, M., Fischer, N., & Bumeder, I. (2007). Patients' health beliefs and coping prior to autologous peripheral stem cell transplantation. *European Journal of Cancer Care, 16,* 156–163.

Hayes, S. C., Luoma, J., & Walser, R. D. (2008). *ACT-Training. Handbuch der Acceptance & Commitment Therapie.* Paderborn: Junfermann Verlag.

Heidegger, M. (2006). *Sein und Zeit.* Tübingen: Max Niemeyer Verlag.

Horn, Ch., & Rapp, Ch. (2002). *Wörterbuch der antiken Philosophie.* München: Verlag C.H. Beck.

Jacoby, M. (2000). *Übertragung und Beziehung in der Jungschen Praxis.* Solothurn: Walter Verlag.

Jaenicke, Ch. (2006). *Das Risiko der Verbundenheit.* Stuttgart: Klett-Cotta.

Jaenicke, Ch. (2010). *Veränderungen in der Psychoanalyse.* Stuttgart: Klett-Cotta.

Jaspers, K. (1996). *Einführung in die Philosophie. Zwölf Radiovorträge.* München: Piper Verlag.

Jung, C. G. (1910). *Diagnostische Assoziationsstudien* (GW Bd. 2, Sonderausgabe). Düsseldorf: Walter Verlag.

Jung, C. G. (1916). *Über die Psychologie des Unbewussten* (GW Bd. 7, Sonderausgabe). Düsseldorf: Walter Verlag.

Jung, C. G. (1926). *Die Bedeutung des Vaters für das Schicksal des Einzelnen* (GW Bd. 4, Sonderausgabe). Düsseldorf: Walter Verlag.

Jung, C. G. (1928). *Das Liebesproblem des Studenten* (GW Bd. 10, Sonderausgabe). Düsseldorf: Walter Verlag.

Jung, C. G. (1932). *Über die Beziehung der Psychotherapie zur Seelsorge* (GW Bd. 11 Sonderausgabe Düsseldorf Walter Verlag).

Jung, C. G. (1934). *Die Beziehungen zwischen dem Ich und dem Unbewußten* (GW Bd. 7 Sonderausgabe Düsseldorf Walter Verlag).

Jung, C. G. (1946). *Die Psychologie der Übertragung* (GW Bd. 16, Sonderausgabe). Düsseldorf: Walter Verlag.

Jung, C. G. (1950). *Symbole der Wandlung* (GW Bd. 5, Sonderausgabe). Düsseldorf: Walter Verlag.

Jung, C. G. (1990). *Briefe* (Bd. 1 und 2). Olten: Walter Verlag.

Jung, E., & von Franz, M.-L. (1997). *Die Gralslegende in psychologischer Sicht.* Olten: Walter Verlag.

Kast, V. (2004). *Sisyphos. Vom Festhalten und Loslassen.* Stuttgart: Kreuz Verlag.

Kast, V. (2008). *Vom Vertrauen in das eigene Schicksal. Der Teufel mit den drei goldenen Haaren.* Stuttgart: Kreuz Verlag.

Kogan, I. (2000). Die Suche nach Gewissheit: Enactments traumatischer Vergangenheit. In U. Streek (Hrsg.), *Erinnern, Agieren und Inszenieren: Enactments und szenische Darstellungen im therapeutischen Prozess* (S. 127–141). Göttingen: Vandenhoek und Ruprecht.

Marquard, O. (1981). Ende des Schicksals? Einige Bemerkungen über die Unvermeidlichkeit des Unverfügbaren. In Ds. (Hrsg.), *Abschied vom Prinzipiellen: Philosophische Studien* (S. 67–90). Stuttgart: Reclam.

Meggle, G. (2011). Sinn des Lebens. In St. Jordan & Ch. Nimtz (Hrsg.), *Lexikon Philosophie. Hundert Grundbegriffe* (S. 246–248). Stuttgart: Reclam.

Mohr, J. (2013). Zur Hölle mit dem Tod. In A. Großbongardt & R. Traub (Hrsg.), *Das Ende des Lebens. Ein Buch über das Sterben.* Hamburg: Spiegel Buchverlag.

Pflichthofer, D. (2012). *Spielregeln der Psychoanalyse.* Gießen: Psychosozial Verlag.

Rilke, R. M. (2013). *Gesammelte Werke.* Köln: Anaconda Verlag.

Safranski, R. (2011). *Das Böse oder Das Drama der Freiheit*. Frankfurt a. M.: Fischer TB.

Schmidt, H. (1979). *Philosophisches Wörterbuch*. Stuttgart: Alfred Kröner Verlag.

Schnocks, D. (2013). *Mit C.G. Jung sich selbst verstehen*. Stuttgart: Kohlhammer.

Schockenhoff, E. (2013). Die religiöse Dimension der Krankheit. *Spiritual Care, 3,* 49–56.

Schopenhauer, A. (1976). *Aphorismen zur Lebensweisheit*. Frankfurt a. M.: Insel Verlag.

Schreiber, M. (2007). Der Schatten Schicksal. *Spiegel, 1,* 101–111.

Specht, J., Egloff, B., & Schmulke, C. (2011). The benefits of believing in chance or fate. *Social Psychological and Personality Science, 2,* 132–137.

Stasiuk, A. (2013) *Kurzes Buch über das Sterben*. Frankfurt a. M.: Suhrkamp Verlag.

Sulz, S. (2003). *Als Sisyphos seinen Stein loslies. Oder: Verlieben ist verrückt*. München: Cip Medien.

Szondi, L. (1944). *Schicksalsanalyse. Wahl in Liebe, Freundschaft, Beruf, Krankheit und Tod. Erbbiologische und psychohygienische Probleme*. Basel: Benno Schwabe.

Tolkien, J. R. (2013). *Der Herr der Ringe*. Stuttgart: Klett-Cotta.

Vogel, R. T. (2006). Pilgern – Eine (wieder moderne?) spirituelle Praxis. Der Pilgerweg aus der Sicht der Analytischen Psychologie. *Jung Journal, 19,* 11–14.

Vogel, R. T. (2008). Wo soll das alles enden? Das Finalitätskonzept C.G. Jungs im Angesicht des Todes. *Jung Journal, 19*(20), 40–52.

Vogel, R. T. (2008a). *C.G. Jung für die Praxis. Zur Integration jungianischer Methoden in psychotherapeutische Behandlungen*. Stuttgart: Kohlhammer.

Vogel, R. T. (2011). Psychotherapie auf Palliativstationen. Eine empirische Bestandsaufnahme. *Psychotherapeut, 56,* 379–385.

Vogel, R. T. (2012). *Todesthemen in der Psychotherapie*. Stuttgart: Kohlhammer.

Vogel, R. T. (2013). *Existenzielle Themen in der Psychotherapie*. Stuttgart: Kohlhammer.

Weischedel, W. (1977). *Skeptische Ethik*. Frankfurt a. M.: Suhrkamp.

Werner, E. (1977). *77: The children of Kauai. A longitudinal study from the prenatal period to age ten*. Honolulu University of Hawai'i Press.

Wittchen, H.-U., & Hoyer, J. (Hrsg.). (2006). *Klinische Psychologie und Psychotherapie*. Heidelberg: Springer.

Yalom, I. (2010). *Existenzielle Psychotherapie*. Bergisch Gladbach: Edition Humanistische Psychologie.

Zwiebel, R. (2007). Gedanken zur phobischen Position des Analytikers. In M. Müller, et al. (Hrsg.), *Zumutungen – Die Unheimliche Wirklichkeit der Übertragung*. Gießen: Psychosozial Verlag.